baños
& cocinas
MIRADA AL INTERIOR

EDICIÓN

Fernando de Haro • Omar Fuentes

Autores / Authors

Fernando de Haro

Omar Fuentes

Diseño y Producción Editorial

Editorial Design & Production

Dirección de Proyecto / Project Manager

Valeria Degregorio

Martha P. Guerrero Martel

Colaboradores / Contributors

Mónica Escalante

Laura Rivas

Texto / Copy Writer

ICO

Traducción / Translation

Quinta del Agua Editores

ISBN 968-5336-07-5

Impreso en Hong Kong.

AM Editores S.A. de C.V.
Paseo de los Tamarindos No. 400 B Suite 102
Col. Bosques de las Lomas C.P. 05120
México, D.F. Tel.: 52(55) 5258 0279
Fax: 52(55) 5258 0556
E-mail:ame@ameditores.com
www.ameditores.com

Contenido
Contents

Introducción
Introduction

Hacer de un espacio nuestro cómplice, confidente y compañero de experiencias exige entender la importancia que tiene en cada escena de la vida cotidiana. Y así como la sala, la recámara, el estudio o el comedor juegan un papel relevante cada vez que se planea una vivienda o se piensa en remodelar, la cocina y el baño deben ser protagonistas de primera línea cuando se trata de halagar la vista, el tacto y el olfato, así como consentir al cuerpo, al espíritu y, desde luego, al paladar.

De ahí la importancia del diseño, la sabia utilización de los espacios (sean del tamaño que sean), la distribución de luces, la selección de los accesorios y el mobiliario, o la combinación de colores para crear las atmósferas y los escenarios que acompañarán momentos íntimos, confortables, sensuales...

La cocina y los baños de la casa no reciben a menudo la atención que merecen. Se olvida, injustamente, que estos espacios nos reciben sin horario ni condición alguna, y que el cuidado puesto en su concepción y decorado se traducirá en calor, confort, belleza y funcionalidad.

Turning an area into our experiences partner, confidant, and friend demands to understand how important it is in our everyday life. Whenever a home is planned or some of its areas are renewed, the living room, the study-room, or the dinning room play a relevant roll. Special consideration should be given to the kitchen and the bathrooms. These areas are the first line heroes when trying to please the sense of sight, touch, and smell, as well to pamper our body, soul, and taste.

That's the importance of design, a wise usage of areas (without considering their dimensions), the proper light distribution, the choice of accessories and household appointments, or the colors combination to create the best environments and scenarios which will enclose the intimate, comfortable, and sensual moments...

Frequently, kitchens and bathrooms do not gather the attention they deserve. We unfairly forget that these areas unconditionally welcome us anytime, and that care taken on their conception and decoration will translate into warmth, comfort, beauty, and functionality.

En manos del arquitecto y del diseñador, las posibilidades de diseño, distribución de espacios, combinación de color y materiales, funcionalidad y belleza de una cocina o de un baño parecen infinitas. Todo depende de estilos, gustos y, claro, presupuestos.

Por eso mismo, estos espacios íntimos -en muchas ocasiones concebidos en superficies reducidas- representan, cada uno a su modo, un reto único y distinto para sus creadores.

Es quizá aquí donde la alianza entre el arquitecto y/o diseñador, y el cliente, debe ser más comprometida. La cocina de un hogar y sus baños son expresiones personales, proyecciones de estilos, concepciones íntimas derivadas de las implacables exigencias de la cotidianeidad.

En esta alianza, el profesional pone la experiencia, el sabio manejo de espacios, el conocimiento de los materiales... Quien vivirá estos espacios, las sensaciones, las necesidades diarias, las exigencias de las costumbres y las manías, y hasta los caprichos.

Within architects and designers' reach, features such as the design options, the area distribution, the color and materials combination, functionality, and beauty of a kitchen or a bathroom seem unlimited, it all depends on the styles, tastes, and, evidently, on the budget.

For this reason, these intimate areas –which are many times conceived within small areas– represent a unique and different challenge for their creators.

And it's probably here where partnership between the architect and/or designer, and their customers, must be closer. The kitchen and the bathroom are personal expressions, style projections, intimate creations derived from inexorable everyday demands.

In this partnership, the professional designer contributes with his experience, the wise management of areas, the knowledge of materials... People who will inhabit these areas provide their sensations, daily needs, personal manias and demands, and even their whims.

En este trabajo a duo, todo es válido: tomar ideas de aquí y de allá, inventar distribuciones, calcar una línea, sumar una idea con otra, una combinación de color y, por supuesto, innovar... Este volumen constituye una muestra de ello y, por lo tanto, un rico catálogo de conceptos logrados y de ideas bien realizadas. En fin, una muestra de lo que el arquitecto y el diseñador -al responder a las exigencias de su cliente- son capaces de crear.

Como verdaderos ilusionistas de espacios, uno y otro pueden lograr que un lugar pequeño adquiera profundidad, que otro demasiado grande no pierda calor e intimidad, que la belleza no esté peleada con la funcionalidad... Por eso, este libro brinda una verdadera gira de atractivas sensaciones visuales y soluciones pensadas por arquitectos y diseñadores mexicanos.

Con la rica paleta de colores, materiales y concepciones personales que suele distinguir el trabajo de estos profesionales, la galería de Baños y Cocinas que sigue constituye una muestra más de las cualidades que ya distinguen al arquitecto mexicano.

Everything is valid in this tandem job: taking ideas from here and from there, inventing distributions, copying a line, adding one idea to another, fitting a color mix, contributing with innovation... This book is a showroom of these concepts and constitutes a rich catalog of well done concepts and ideas. A proof of what the architect and the designer can create by harmonizing their customers demands.

As true magicians of spaces they can achieve that a small area acquire depth, that a huge one does not lose warmth and intimacy, that beauty does no sacrifice convenience... That is why this book offers a great tour of visual and attractive sensations and solutions given by Mexican architects and designers.

With rich color palettes, materials, and personal conceptions that distinguish the work of these professionals, the Bathroom and Kitchen gallery that follows constitutes an example of sensitivity that distinguishes Mexican architects.

Fernando de Haro • Omar Fuentes

D i s

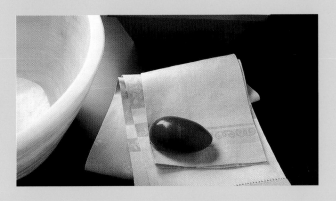

e ũ o

Design

Baños / Baths

El buen diseño puede resolverlo todo: desde la gran forma básica hasta la precisión del detalle y la función. En un baño, esta última constituye quizá el gran eje de mando.

En este espacio, la entrada en escena de materiales novedosos, una clara tendencia hacia el minimalismo, la preferencia por ciertos efectos de luz y la "admisión" de colores antes insólitos en esta área han derivado en la creación de cuartos de baño donde las líneas curvas contrastan constantemente con cantos angulosos.

La combinación de todos estos elementos dicta las leyes del diseño, cuya misión es proporcionar una respuesta en la que se equilibren belleza, función y fundamentalmente, seguridad.

Ambientes con
Personalidad
Personal Touch

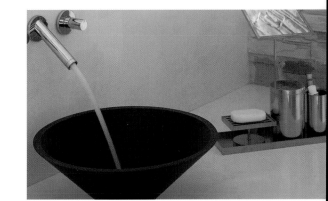

Anything can be solved with a good design: from the great basic form to the precise detail and functionality. For a bathroom, this last feature constitutes the major axis of authority.

The introduction of new materials, a straight tendency towards minimalism, and the use of certain light effects and previously uncommon colors on it, have resulted in the creation of bathrooms where curved lines contrast with angular edges.

Combination of these elements dictates the standards for design, whose mission is to create the perfect balance between beauty, functionality, and security.

Movement is achieved in this design by breaking the predominating straight-line effect with delicate curves. In this wide space, mixing the elegance of light marble with a skylight and use of glass created a simple and minimalist-style environment.

Las predominantes líneas rectas se rompen con sutiles curvas para dar movimiento al diseño. La elegancia del mármol claro, en combinación con un amplio espacio, el tragaluz y el vidrio, crean un ambiente austero y con toques minimalistas.

Maderas finas y el blanco conducen la vista de la comodidad del sillón a la intimidad de la tina. Arriba, las vigas completan un pequeño paisaje en el que predomina la calidez y la claridad.

The fine wooden finish and the white color lead the sight, from the comfort of an armchair to the privacy of a tub. Above, warmth and brightness prevail in the small landscape created by the beams.

Por un lado, un espacio que encuentra una nueva dimensión en el gran espejo circular, que delimita sus horizontes en una magnífica puerta de color morado por la cual casi se puede sentir entrar, cálida, la luz del amanecer. Por el otro, un pequeño espacio que se duplica gracias a la buena colocación del espejo. En común, la suavidad y el brillo de las maderas claras.

On one side, a big rounded mirror gives a new dimension to this area. A great purple door through which morning daylight warmth could gently be perceived delimits the space horizon. On the other, the adequate location of a mirror can expand the space. Softness and brightness given by the light-color woods characterize both areas.

Nothing better than a well-situated divider wall to make a subtle suggestion for spaces delimitation. At sight, there is an open space. Besides, this practical divider can be used as a decorating wall or have certain function such as holding a mirror in the shower.

Nada mejor que una división bien pensada para sugerir sutilmente la delimitación de espacios. A la vista, el espacio sigue abierto. Además, esta práctica división puede servir como pared decorativa o cumplir una función, como sujetar un espejo en la regadera.

An unusual top-mounted sink breaks up the traditional structures making the design look authentic and allows the placement of diverse decorating elements. The soaps and the glazed chrome faucets are some of the decoration details.

Romper con estructuras establecidas, como los lavamanos montados sobre una cubierta, otorga autenticidad al estilo de diseño y abre las posibilidades de decoración. Los jabones o las relucientes llaves cromadas constituyen los detalles que complementan la estancia.

These rooms are characterized for the wise incorporation of straight-line areas. Decoration uses elements such as a bright towel rack, a large sink ending up in a comfortable seat, and an area through which indirect light gently enters into a round-shaped room. This demonstrates that simple and essential shapes can also be effective.

La sabia incorporación de espacios rectos define estas habitaciones. Un toallero cálido y luminoso, una cómoda banca como continuación del largo lavamanos y un espacio que deja pasar la suave luz indirecta a un cuarto curvo justifican su existencia. Todas, formas elementales libres de complicaciones, pero eficaces.

Los finos y largos lavamanos imponen una idea: practicidad con clase. A ella se suman el detalle de un pequeño espejo redondo y la hermosa tina de mármol blanco junto a los espaciosos gabinetes de madera para cerrar un concepto de elegancia en el diseño.

Fine and large sinks feature good quality and convenience. The elegant design concept is achieved by the detail of a small round mirror, the beautiful white marble tub, and wooden cabinets.

In this area, symmetry not only duplicates options but also pampers homeowners with the warmth of the wood and the comfort of strategic lighting. The vertical line reflected in the central mirror reinforces the balance between both sides.
A simple and discrete design with a wisely usage of space enhances a sophisticated sink top-mounted in dark wood.

En este espacio, la simetría no sólo duplica opciones, también consiente al usuario con la calidez de la madera y la comodidad de una iluminación estratégica. El reflejo de la línea vertical en el espejo central refuerza la visión de equilibrio entre los lados.
También, un diseño limpio y discreto que realza un portentoso lavamanos sobre madera obscura con sabio uso de espacio.

This design maximizes an intimate feeling of the private spaces and the visual effects are controlled by an evident material contrast.
A conical sink integrates into the light-color wooden doors and frames to achieve an harmonic mix.

La privacidad de los espacios en este diseño maximiza una sensación de intimidad; además, gracias al contraste de los materiales se pueden controlar los efectos visuales.
Un lavamanos cónico se integra a las maderas semi-claras de puertas y marcos para lograr una fusión armoniosa.

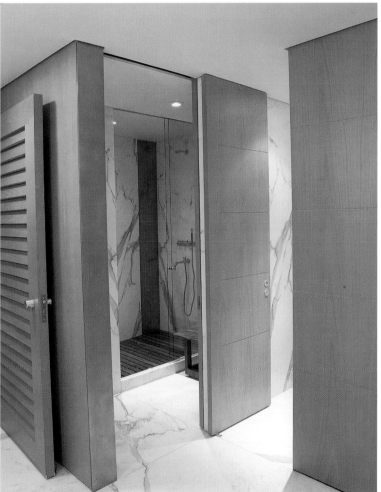

Colores fuertes en el fondo e iluminación estratégica sirven para resaltar el cuidadoso diseño y los trazos limpios de estos muebles tan atractivos a la vista.

The carefully created design and the distinctive lines of this attractive furniture are highlighted by strong colors in the background and the strategic lighting.

Cocinas / Kitchens

En una cocina, un buen concepto de diseño logra establecer sólidas alianzas entre la belleza de la línea, la pureza del color, las exigencias prácticas y el confort.

En este espacio todo debe quedar a la mano, de ahí el predominio de soluciones eminentemente prácticas. Debe cuidarse, también, que el estilo en la cocina se integre al del resto de la casa. Se trate de un espacio mayor -que admite la inclusión de un pequeño antecomedor-, o de uno reducido -donde los retos son más fuertes-, la cocina es un lugar clave en casa. En ella, el diseño debe estar al servicio de sus funciones, pero sin olvidar nunca la belleza, el cuidado de los detalles y la búsqueda de soluciones estéticas para cada rincón.

Ideas Originales
Original Ideas

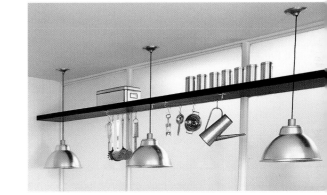

For a kitchen, a good design concept achieves strong alliances between line beauty, color purity, practical requirements, and comfort.

In this space all things must be handy and design must give practical solutions. It should also be remembered that the kitchen style must integrate to the rest of the house.

Whether there is a big space -accepting use of a small dinning room-, or a reduced one -having more intense challenges-, the kitchen plays a strategic role within a house. Its design must depend on functionality, without forgetting cute details, and the search for aesthetic solutions.

Windows location gives a fresh and deep look to a long narrowed area emphasized by the kitchen cabinets disposed in a straight line. This is also an example of a visually spacious room that has been gently incorporated into the rest of the house.

La ubicación de las ventanas da frescura y amplitud a un espacio largo y angosto. Los muebles de cocina dispuestos en línea contribuyen a lo mismo. Esto último también es el caso de un cuarto visualmente espacioso y, a un tiempo, incorporado con sutileza al resto de la casa.

La cocina puede descubrir nuevas posibilidades y perfiles si se le incorpora al comedor. A veces, una división sugerida es más que suficiente para poder extender la vista y el olfato.

Otra opción es remeter el mueble para acentuar la discreción y aprovechar así el espacio sin perder armonía.

The integration of a dinning room into the kitchen may result in a variety of options and features. Sometimes, it is only necessary to place a divider to extend the sense of sight and smell. Another choice is to flush the furniture to give a discrete appearance and to make a proper use of space without losing harmony.

Las cubiertas hechas con un material selecto dan una auténtica sensación de ligereza, practicidad e higiene. Mientras que jugar con el alto o el ancho de los muebles de cocina, así como apostar al poco detalle, con buena iluminación y diseño, puede dar atractivos resultados.

Countertops made of selected materials give a real lightness, practical, and cleanness feeling. Likewise, a terrific design concept can be achieved when you select the proper lighting and play with the height and the width of kitchen cabinets, besides limiting the use of details.

Ilumin

a c i ó n

Lighting

Baños / Baths

a luz es, indudablemente, una de las grandes herramientas del arquitecto para destacar una línea o un rincón, subrayar un detalle o resaltar una forma. En un baño, estos juegos intencionales pueden crear ambientes diversos, en matrimonio perfecto con el estilo del diseño y, por supuesto, con la función.

Aquí, donde el usuario realiza tareas específicas de aseo, la iluminación debe cumplir con tareas precisas. Tendrá que aprovechar estéticamente fuentes naturales de luz y ofrecer otras, de origen artificial, libres de sombras.

Un baño exige entonces la intervención de varios tipos de luz. En manos del arquitecto cada fuente de iluminación, sabiamente combinada con ciertos tonos y colores, puede crear atmósferas únicas.

Sombras y Perfiles
Shadows and Visual Effects

rchitects use light as a major tool to emphasize a special line or a cozy corner, to highlight a particular detail, or to make a shape stand out. In a bathroom, these deliberated tricks in combination with the design style, and, evidently, with its function can create diverse enviornments. Here is where homeowners accomplish their personal care, and the illumination should carry out precise tasks. Advantage of natural light sources should be aesthetically achieved and some other artificial and shadeless sources be offered.

Bathrooms demand the integration of several kinds of light. Within architect's reach, each light source, wisely combined with certain hues and colors, can create unique atmospheres.

La luz natural da una sensación de frescura a la tina, mientras que una tímida luz artificial en el techo crea una conveniente intimidad.

Natural light provides a feeling of freshness, while a subtle artificial light in the roof creates a convenient intimacy.

A classic and elegant combination -a white surface on top of a dark wooden furniture. This contrast highlights a useful area in the bath and gives at the same time a sensation of visual purity. The sophisticated design presents some kind of movement due to the small openings that filter light and to the diffuse rays created with the spotlights.

Una combinación clásica y elegante -superficie blanca sobre madera obscura-, logra, por contraste, resaltar un área de gran uso en el baño y otorgarle pureza visual.
Pequeñas aberturas que filtran la luz o fuentes direccionales permiten pintar rayos difuminados para presentar un diseño muy estilizado que da movimiento a la habitación

Por un lado, la ventana, alejada del espejo, matiza las áreas de este baño. Por otro, el gran ventanal perpendicular al largo espejo, ilumina todo a su paso, creando una sensación de libertad y gran espacio.

The far end window enlightens the different areas of the bathroom. The large perpendicular window that runs along the big mirror and illuminates everything creates a feeling of freedom and spaciousness.

Light is sometimes the best element to be combined with elegance. In the first case, it illuminates a huge marble surface; in the second, it lightens a vast block of this same material. However, lighting should not only take into consideration the aesthetic portion of the design, but should never forget the practical and functional part by pointing out useful spaces such as areas for cabinets or the short wall which separates but also integrates the bath into a whole concept.

La luz es, a veces, el mejor aliado de la elegancia. En el primer caso ilumina una gran cubierta de mármol; en el segundo un impresionante bloque del mismo material. Sin embargo, la iluminación, no por cuidar la estética, debe dejar de cumplir su función práctica al señalar espacios útiles como el área de gavetas o el muro bajo que separa, pero integra en un solo concepto, el cuarto de baño.

Iluminación decorativa o funcional, colada a través de pequeños cuadros o largas líneas, de manera directa o indirecta. Posibilidades que permiten jugar con los reflejos en el vidrio o acompañar vistas de paisajes urbanos o naturales para dar personalidad al espacio.

Decorating or functional lighting which directly or indirectly goes through small squares or large lines. With it, one can play with reflections on the glass or use urban or nature landscape views to provide the area with a personal touch.

Grandes celosías en colores vivos crean formas geométricas que juegan en el cuarto. Los detalles decorativos, tales como espejos circulares o luces funcionales para el arreglo personal logran el complemento perfecto para estos modernos y amplios diseños de baño.

Vast and strong color lattice windows create geometric forms that enrich coziness of the room. Decorating details such as round mirrors or functional lights useful for personal care achieve the perfect complement for these spacious and sophisticated bathroom designs.

La iluminación como elemento central de un cuarto con identidad propia entra de golpe para iluminar la tina y ofrecer una vista privilegiada.
Sombras y luces pintan las paredes de la regadera con diferentes tonalidades para ofrecer un escenario con sello de originalidad. Además, un nicho suma funcionalidad al gusto estético por el detalle.

As the main element for a room having its own identity, illumination abruptly penetrates to light the tub and to provide a privileged view.
Different hues of shadows and lights reflect on the shower walls to create a unique scenario. Besides, the niche adds functionality to an esthetical taste for details.

Large windows provide natural light while artificial sources emphasize shadows of the lovely finishes. Ivory hues contrast with wooden details to give a fresh look. Tubs complete spaciousness of an area characterized for favoring comfort and relax.

Luz natural que penetra por amplios ventanales, y fuentes artificiales que marcan las sombras de finos acabados. Tonos marfil contrastan con detalles en madera para crear un ambiente fresco. Las tinas complementan la amplitud de un espacio que privilegia el confort y la relajación.

Light emphasizes colors, exalts textures, and -as the day goes by- it makes shadows walk over the sinks, the towel racks, or the rounded faucets. It also allows tinting or makes angles more evident with their diverse intensity.

La luz subraya colores, realza texturas y se encarga de marcar con sombras el transcurrir del día ya sea en lavamanos, toalleros o la redondez de las llaves. Además, permite matizar o agudizar los ángulos con sus diversas intensidades.

Dos llaves cromadas comparten espacio en la amplia cubierta de mármol, sobre la que descansa la luz y útiles compartimentos de madera. Una gran fuente de iluminación artificial reina en el espacio, donde grandes espejos testimonian una perfecta armonía entre elegancia y practicidad.

Two chrome faucets and useful wooden cabinets are embedded on this gently enlightened marble countertop. An artificial but intense illumination source prevails in this space where large mirrors give proof of a perfect harmony between elegance and convenience.

Cocinas / Kitchens

En una cocina, como en el resto de la casa, la luz es un elemento arquitectónico con grandes posibilidades. En este espacio, el juego inteligente de luces debe explotar al máximo las fuentes naturales, con grandes ventanales, cristales traslúcidos, tragaluces y todos los elementos a la mano.

También se hace necesario utilizar acertadamente todas las posibilidades de la iluminación dirigida para propiciar la seguridad y facilitar las labores culinarias.

Esto, sin olvidar la vocación natural de este espacio -particularmente cuando su tamaño permite colocar un pequeño comedor- para compartir algunos de nuestros mejores momentos familiares.

Naturaleza e Intención
Nature and Purpose

In a kitchen, as in the rest of the house, light is an architectonic element strongly empowered. In this space, the wise use of light effects should take maximum advantage of natural sources, providing large windows, sandblasted glasses, skylights, and every available element.

It is also necessary to accurately use every spotlight options aimed towards home security and to make culinary tasks easier.

Keep in mind the natural purpose of this space: to share some of the best moments spent with our family, specially when its size allows accommodation for a small dinning room.

The different materials used in the design of spaces create vivid contrasts and subtle combinations. At the same time, the stainless steel backdrop over the sink and the stove is an example of high resistant materials providing space with security, long life, and practical use. The natural light entering the large windows makes the room look versatile and creates a more suitable and airy atmosphere needed in a kitchen.

La diversidad de materiales en los diseños de los espacios crea vivos contrastes y sutiles combinaciones. Al mismo tiempo, la placa de acero al fondo de la tarja y estufa, es un ejemplo de materiales de gran resistencia que otorgan seguridad, larga vida y practicidad al espacio. La luz natural transgrede los amplios ventanales, otorga versatilidad al cuarto y crea la atmósfera de amplitud que una cocina requiere.

Lo clásico y lo moderno cruzan caminos. Un enorme tragaluz enmarca mesas dispuestas al centro para facilitar la realización de tareas gastronómicas.

También, desde la semi-obscuridad hasta la luz solar filtrada, una tradicional cocina mexicana adaptada sabiamente al presente.

Classic and modern forms interweave each other. The countertops especially designed to make gastronomical tasks easier are situated at the central part of the room under an enormous skylight.

Also, a traditional Mexican kitchen wisely adapted to modern times uses illumination that goes from semi-obscurity to filtered solar light.

Not only for the architectonic art but also for the culinary, details make the big difference. Just take a look at the light opening which divides the vault; or at the fancy blue, pink, and purple hues contrasting with the different geometric forms prevailing in this intelligent and avant-garde Mexican space design.

Tanto en el arte arquitectónico como en el culinario, los detalles hacen la diferencia. Basta destacar la abertura de luz que divide la bóveda; o las llamativas tonalidades azules, rosas y moradas que contrastan sobre la variedad de formas geométricas en este vanguardista espacio mexicano de inteligente diseño.

Funcio

ualidad
Functionality

Baños / Baths

a seguridad y el sentido práctico son, indudablemente, argumentos de peso en muchos espacios arquitectónicos. El baño es uno de ellos.

Como poderosos señores, estos dos conceptos dictan sus condiciones al usuario, al diseñador y al arquitecto. Por ello el especial cuidado en los materiales, en la lógica de la distribución, en la ubicación de los accesorios...

Aquí la belleza está al servicio de la seguridad y todos los problemas deben ser resueltos bajo esa óptica. La comodidad de la regadera, la colocación de un inodoro o la cercanía de la toalla y el lavabo -por nombrar sólo algunas de las necesidades que surgen en este espacio cotidiano- son los primeros factores a considerar.

Versatilidad
Versatility

he security and practical sense are angular arguments in many architectural spaces. One of them is the bathroom.

These two concepts dictate their conditions to homeowners, designers, and architects. For these reasons special care should be taken with the materials used, the logical, distribution the placement of the accessories...

Beauty is in service of security and every problem should be solved under this point of view. Some of the main factors to be considered are shower comfort, placement of toilet, or proximity between towel and sink –just to name some of the needs that arise in this day-to-day space.

The use of islands in the bathroom breaks up the common arrangements and emphasizes the function without saturating the sight. In the background, fine and elegant wooden closets with glass front highlight the good taste of design.

La utilización de islas en el baño rompe con las disposiciones habituales y acentúa la función sin necesidad de saturar la vista. Al fondo, elegantes closets de madera selecta y tableros de cristal resaltan el buen gusto en el diseño.

The sight is attracted by the symmetry that duplicates the bathroom space. The vault design enhances the modern look and, at the same time, holds up the illumination plates. A conveniently illuminated and unusual dress-room but very functional integrates nicely to the bedroom.

La simetría duplica el uso del espacio para las necesidades del baño y atrae la vista. El diseño de una bóveda realza la modernidad del cuarto y es, al mismo tiempo, sostén de útiles placas de iluminación. Por otro lado, un vestidor poco convencional, sutilmente integrado a la habitación y con luminosidad privilegiada, da muestra de verdadera funcionalidad.

La gran tina se fusiona con el paisaje exterior y el lavamanos da una grata sensación de relajamiento e integra un conjunto armónico y funcional. Un ejemplo de cómo un diseño vanguardista puede crear una habitación con estética envidiable.

This harmonic and functional set integrates a large tub with the exterior landscape while the sink gives a nice and relaxing feeling. A clear example of how an avant-garde design can create an enviably aesthetic room.

El espectacular espejo circular, montado sobre la ventana, permite "poseer" una vista agradable y luz natural al momento del retoque personal. Por otra parte, la tenue y cálida luz artificial, y una ventana casi simétrica al espejo, logran acompasar la madera clara que predomina en la habitación.

The spectacular round mirror mounted above the window gives us a nice view and natural light during personal care. Moreover, the artificial dim and warm light, and a window strategically placed almost symmetric to the mirror, achieves to give movement to the light-color wood that prevails in the room.

La funcionalidad no conoce tamaños. Un pasillo angosto puede dar lugar a una estratégica distribución del mobiliario sin perder belleza. De igual manera, un espacio pequeño puede dar pie a soluciones ingeniosas, como lo pueden ser las puertas de vidrio para alargar la vista. A su vez, un espacio amplio utiliza las posibilidades de una sola estructura, de la que parten regadera y tina.

Functionality does not recognize dimensions. A narrow aisle may accommodate a strategic furniture distribution without losing beauty. The use of crystal doors is an ingenious solution to extend the view in this small area. In turn, this spacious area uses a single structure from which the shower and the tub derive.

The convenience of the double sink unit increases the area functionality. On the back, we are invited to the romantic tub of this grand style room. Elegance of simplicity should not be despised. But never if it comes with straight forward purposes of use and layout of the bathroom furniture, as it is the case of the sink in the picture.

La practicidad de tener dos lavamanos expande las posibilidades de su función. Al fondo, somos invitados a una romántica tina de baño para completar una habitación de gran clase.

Nunca hay que menospreciar la elegancia de la simplicidad. Aún menos si viene acompañada de propósitos claros en el uso y disposición de los muebles de baño, como en el caso de este lavamanos.

Para aprovechar los espacios un lavamanos estilizado puede acompañar un pasillo que conduce al baño o servir de división central a un cuarto. De ambas formas, el espacio se utiliza sabiamente y se optimiza la función en habitaciones con iluminación notable.

To take advantage of the areas, a stylized sink can be situated in the aisle ending in the bathroom or used as a central divider of the room. In both ways, the space is wisely used and functionality is optimized with magnificent illumination.

Se necesita visión e ingenio para lograr que un espacio tenga la doble función, de ser tina y plancha de masaje al mismo tiempo, y creatividad para que un lavamanos parezca un escritorio en el que se puede "trabajar el arreglo personal". Ideas innovadoras que acercan la función a la ocurrencia de la imaginación.

Vision and talent are essential requirements for a space to fulfill a dual function: a bathtub and a massage plaque. Take a look at the creativeness to make the sink look like a desk to "work out the personal care". Innovative concepts that place functionality and imaginative ideas close together.

A single room can accommodate a closet, a large sink, and a series of drawers that make handy the after shower toiletries.
Moreover, once the essential functions are accomplished, giving new life to a bathroom by using a certain combination of materials will always enrich possibilities for an eclectic space as the one shown here.

En un solo cuarto puede haber lugar para el armario, un amplio lavamanos y una serie de gavetas que ponen al alcance del usuario todo lo que necesite al salir de la regadera.
Por otra parte, una vez cumplidas las funciones básicas, dar vida a un baño a través de la combinación de materiales siempre enriquece las posibilidades de un espacio ecléctico como el que se observa.

En un cuarto, como si fueran piezas de un rompecabezas, los muebles de baño son hábilmente colocados por el arquitecto para conformar un espacio atractivo al usuario. Una gran habitación en la que predomina el mármol no olvida su propósito estético y agrega a las funciones propias de este cuarto el placer de poseer un diseño imponente. En ambos casos, el color claro y la luz dan sensación de pureza.

The bathroom furniture is strategically set up by the architect to create an attractive space for homeowners. Magnificent design of a large-size room where marble prevails, the aesthetical purpose is incorporated into the functionality of the room. In both cases, the dim color and the light transmit a purity sensation.

Cocinas / Kitchens

No puede concebirse una cocina sin una estufa o una tarja que cumplan plenamente con su función. Tampoco puede pensarse en un área para preparar alimentos en la que predomina la belleza sobre el espíritu práctico.

La exigencias propias de las tareas culinarias son las razones de peso en una cocina, tanto en las más pequeñas como en las espaciosas. Y es que, sin importar dimensiones, la distribución interna debe aprovechar al máximo las posibilidades de la superficie disponible. Sin embargo, para un buen profesional, esta despiadada exigencia nunca debe ser pretexto para olvidar la sorpresa, las atmósferas, la belleza ni el cuidado del detalle.

Orden y Armonía
Order and Harmony

The idea of a kitchen without a stove or a sink that fully performs its function can not be conceived, neither an area designed to prepare meals where beauty is more important than practical spirit.

The culinary tasks are the main points to be considered whether for a small or roomy kitchen. Without considering its dimensions, the internal distribution must take maximum advantage of the available surface.

However, for an experienced designer, this outrageous demand should never represent an excuse to forget a pleasant surprise, nice atmospheres, beauty, or detail care.

On one hand, the stove is integrated in two geometric forms: round and rectangular. The modern drawers are contained in the circular form.

In the other hand, the kitchen is a typical example of the traditional Mexican style. The carefully selected materials and the impressive vault make homeowners feel free in this spacious area.

Dos formas geométricas, la redonda y la rectangular, que integran la indispensable estufa. En el caso de la circular, además, hay espacio para alojar modernas gavetas.

Por otro lado, una cocina que recuerda el estilo tradicional mexicano con una cuidadosa selección de material y una impresionante bóveda que otorga amplitud y una sensación de libertad al usuario.

La ideal disposición en U del mobiliario de cocina hace de estos espacios una franca invitación a su uso, y representa una clara demostración de diseños con funcionalidad y elegancia.

The U-shape design of the kitchen makes it an efficient cooking center. Besides, it is a bright design showcase where style does not sacrifice convenience.

Lo majestuoso con lo funcional se unen para no dejar un sólo espacio sin uso. Un diseño cuya amplitud no impide deleitar tanto pupila como paladar.
Los espacios, al igual que la imaginación son infinitos, el juego con el color, las formas, la iluminación y los materiales serán siempre nuestros elementos primordiales para construir la cocina ideal.

The space usage is optimized with functionality and majesty. This roomy design features eye-popping concepts and good taste.
Spaces, like imagination, are infinite. Playing with color, forms, illumination, and different materials will always be our main elements to build an ideal kitchen.

Índice
Index

Se terminó de imprimir en el mes de Noviembre del 2003 en Hong Kong. El cuidado de edición estuvo a cargo de AM Editores S.A. de C.V. Esta tercera edición consta de 6,000 ejemplares.